Mi imán

Annabelle Tan

Mamá me regaló un imán.

Mi imán atrae al autobús.

¿A qué otras cosas atraerá mi imán?

¿Atraerá mi imán al dinosaurio?

No, mi imán no atrae al dinosaurio.

¿Atraerá mi imán al robot?

Sí, mi imán atrae al robot.

¿Atraerá mi imán a los lápices?

No, mi imán no atrae a los lápices.

¿Atraerá mi imán a los sujetapapeles?

Sí, mi imán atrae a los sujetapapeles.

¿Atraerá mi imán al papel?

No, mi imán no atrae al papel.

¡Mi imán atrae al autobús a través del papel!

¿A qué atrae el imán?

El imán atrae a estas cosas.	**El imán no atrae a estas cosas.**
  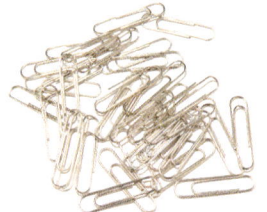